l'école - escuela ..................................................... 2
le voyage - viaje .................................................... 5
le transport - transporte ....................................... 8
la ville - ciudad ..................................................... 10
le paysage - paisaje ............................................. 14
le restaurant - restaurante ................................... 17
le supermarché - supermercado .......................... 20
les boissons - bebida ........................................... 22
l'alimentation - comida ......................................... 23
la ferme - granja ................................................... 27
la maison - casa ................................................... 31
le salon - cuarto de estar ..................................... 33
la cuisine - cocina ................................................ 35
la salle de bain - cuarto de baño .......................... 38
la chambre d'enfant - cuarto de los niños ............ 42
les vêtements - vestimenta ................................... 44
le bureau - oficina ................................................ 49
l'économie - economía .......................................... 51
les professions - ocupaciones .............................. 53
les outils - herramientas ....................................... 56
les instruments de musique - instrumentos musicales ... 57
le zoo - zoológico ................................................. 59
les sports - deporte .............................................. 62
les activités - actividades ..................................... 63
la famille - familia ................................................. 67
le corps - cuerpo .................................................. 68
l'hôpital - hospital ................................................. 72
l'urgence - emergencia ......................................... 76
la terre - Tierra .................................................... 77
...heure(s) - reloj ................................................. 79
la semaine - semana ............................................ 80
l'année - año ......................................................... 81
les formes - formas .............................................. 83
les couleurs - colores ........................................... 84
les oppositions - opuestos .................................... 85
les nombres - números ......................................... 88
les langues - idiomas ............................................ 90
qui / quoi / comment - quién / qué / cómo ............ 91
où - donde ............................................................ 92

Impressum
Verlag: BABADADA GmbH, Nedderfeld 112 , 22529 Hamburg
Geschäftsführer / Verlagsleitung: Harald Hof
Druck: Books on Demand GmbH, In de Tarpen 42, 22848 Norderstedt

Imprint
Publisher: BABADADA GmbH, Nedderfeld 112 , 22529 Hamburg, Germany
Managing Director / Publishing direction: Harald Hof
Print: Books on Demand GmbH, In de Tarpen 42, 22848 Norderstedt

# l'école
# escuela

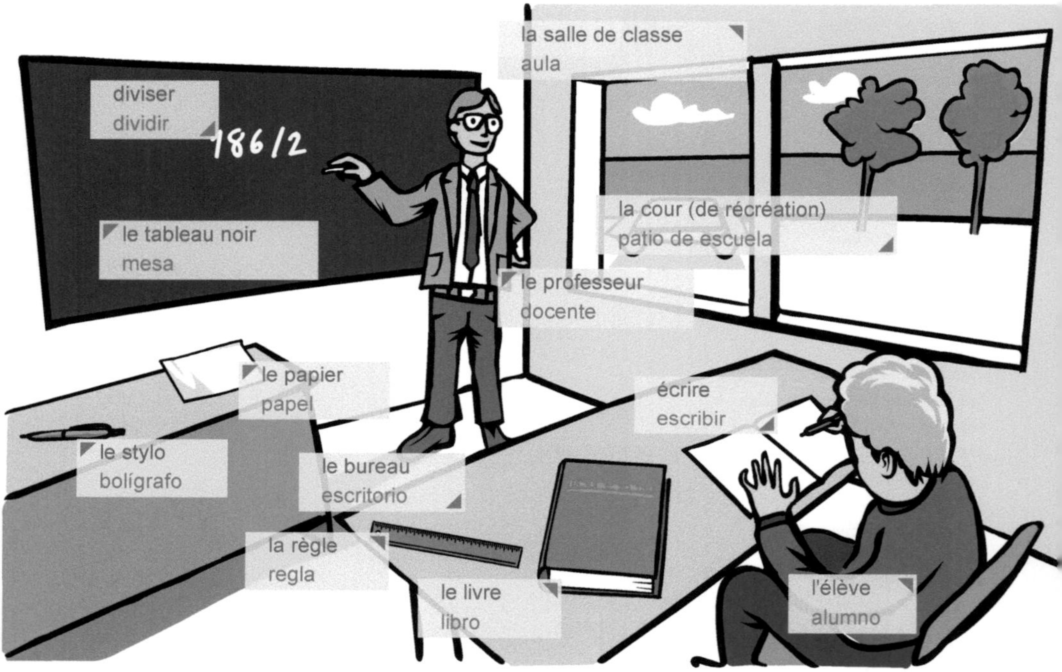
la salle de classe
aula
diviser
dividir
186/2
le tableau noir
mesa
la cour (de récréation)
patio de escuela
le professeur
docente
le papier
papel
écrire
escribir
le stylo
bolígrafo
le bureau
escritorio
la règle
regla
le livre
libro
l'élève
alumno

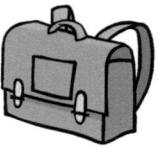

le cartable

mochila escolar

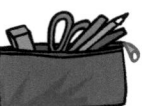

la trousse

caja de lápices

le crayon

lápiz

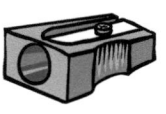

le taille-crayon

sacapuntas

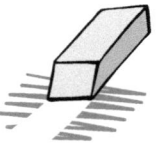

la gomme

goma de borrar

le carnet à dessin

bloc de dibujo

le dessin

dibujo

le pinceau

pincel

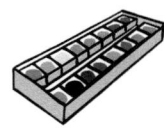

la boîte de peinture

caja de pinturas

les ciseaux

tijera

la colle

pegamento

le cahier d'exercices

libro de ejercicios

les devoirs

tarea

le chiffre

número

additionner

sumar

soustraire

restar

multiplier

multiplicar

calculer

calcular

la lettre

letra

l'alphabet

alfabeto

le mot

palabra

le texte

texto

lire

leer

la craie

tiza

la leçon

lección

le livre de classe

libro de clase

l'examen

examen

le certificat

certificado

l'uniforme scolaire

uniforme escolar

la formation

educación

le lexique

enciclopedia

l'université

universidad

le microscope

microscopio

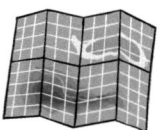

la carte

mapa

la corbeille à papier

cesto de papeles

# le voyage
# viaje

l'hôtel
hotel
Grand
l'auberge
albergue
ROOMS
CHANGE
le bureau de change
casa de cambio
la valise
maleta
la voiture
auto


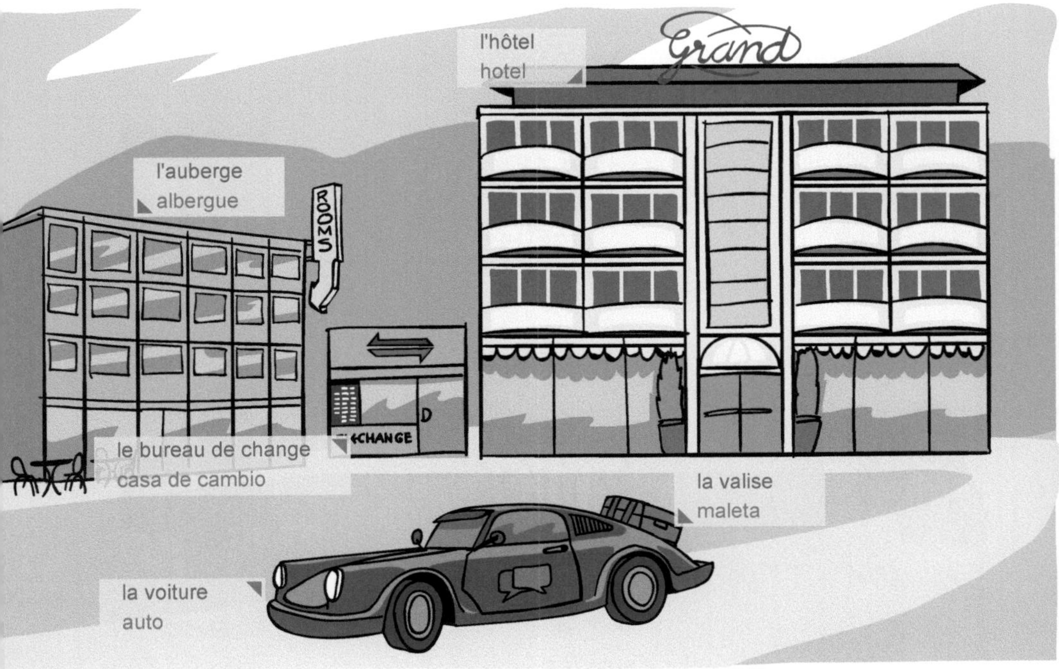

la langue

idioma

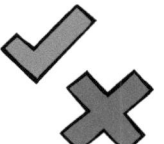

oui / non

sí / no

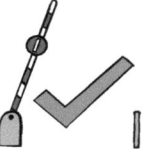

d'accord

ok

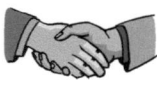

Salut

hola

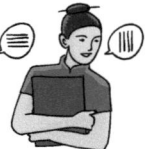

l'interprète

intérprete

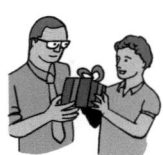

merci

gracias

Combien coûte...?

¿Cuánto cuesta…?

Je ne comprends pas

No entiendo

le problème

problema

Bonsoir !

¡Buenas tardes!

Bonjour !

¡Buenos días!

Bonne nuit !

¡Buenas noches!

Au revoir

adiós

la direction

dirección

les bagages

equipaje

le sac

bolso

le sac-à-dos

mochila

l'hôte

invitado

la pièce

cuarto

le sac de couchage

saco de dormir

la tente

tienda de campaña

l'office de tourisme

información al turista

la plage

playa

la carte de crédit

tarjeta de crédito

le petit-déjeuner

desayuno

le déjeuner

almuerzo

le dîner

cena

le billet

pasaje

l'ascenseur

ascensor

le timbre

sello

la frontière

límite

la douane

aduana

l'ambassade

embajada

le visa

visa

le passeport

pasaporte

# le transport
# transporte

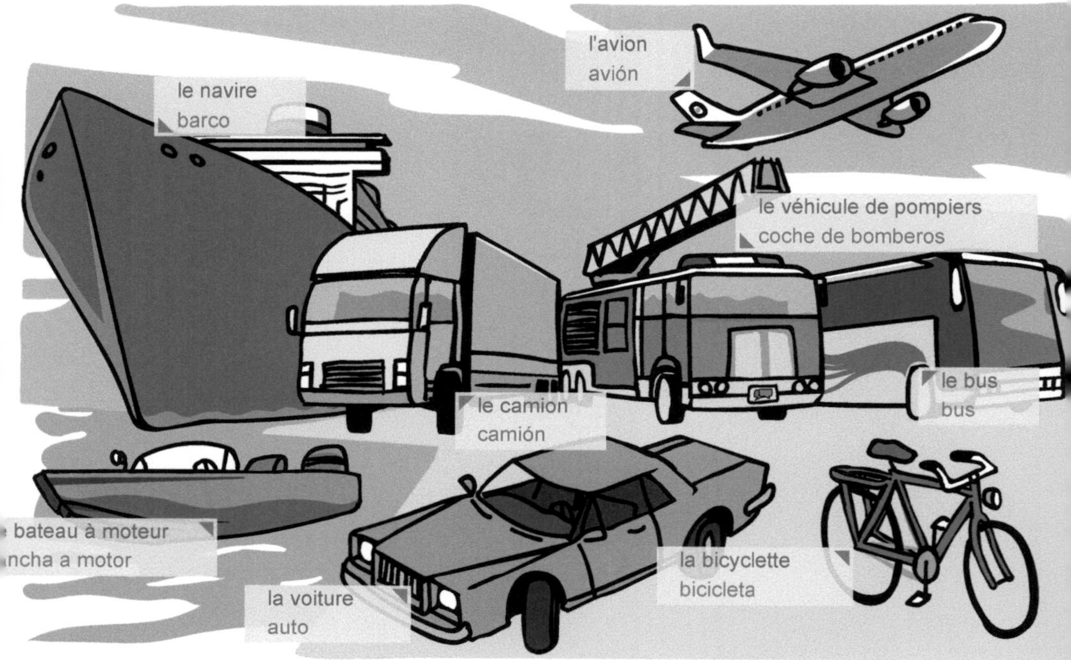
l'avion
avión
le navire
barco
le véhicule de pompiers
coche de bomberos
le bus
bus
le camion
camión
bateau à moteur
ncha a motor
la bicyclette
bicicleta
la voiture
auto

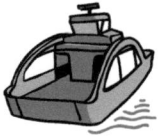

le ferry

balsa

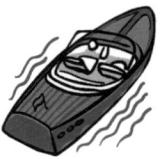

la barque

lancha

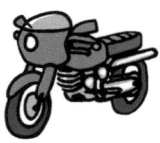

la moto

motocicleta

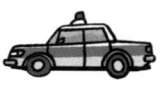

la voiture de police

auto de policía

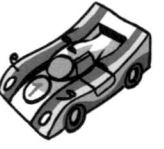

la voiture de course

auto de carreras

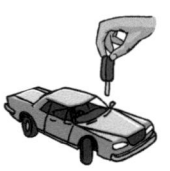

la voiture de location

auto de alquiler

l'auto-partage

alquiler de autos

la voiture de remorquage

grúa

la benne à ordures

vehículo recolector de basura

le moteur

motor

l'essence

gasolina

la station d'essence

gasolinera

le panneau indicateur

señal de tráfico

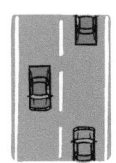

le trafic

tránsito

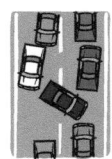

l'embouteillage

atasco

le parking

estacionamiento

la gare

estación de tren

les rails

carril

le train

tren

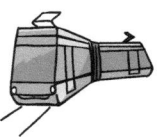

le tramway

tranvía

le wagon

vagón

l'hélicoptère

helicóptero

l'aéroport

aeropuerto

la tour

torre

le passager

pasajero

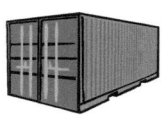

le conteneur

contenedor

le carton

caja de cartón

le chariot

carro

la corbeille

cesta

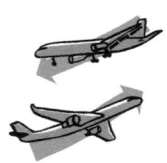

décoller / atterrir

despegar / aterrizar

## la ville

## ciudad

le village

aldea

le centre-ville

centro de la ciudad

la maison

casa

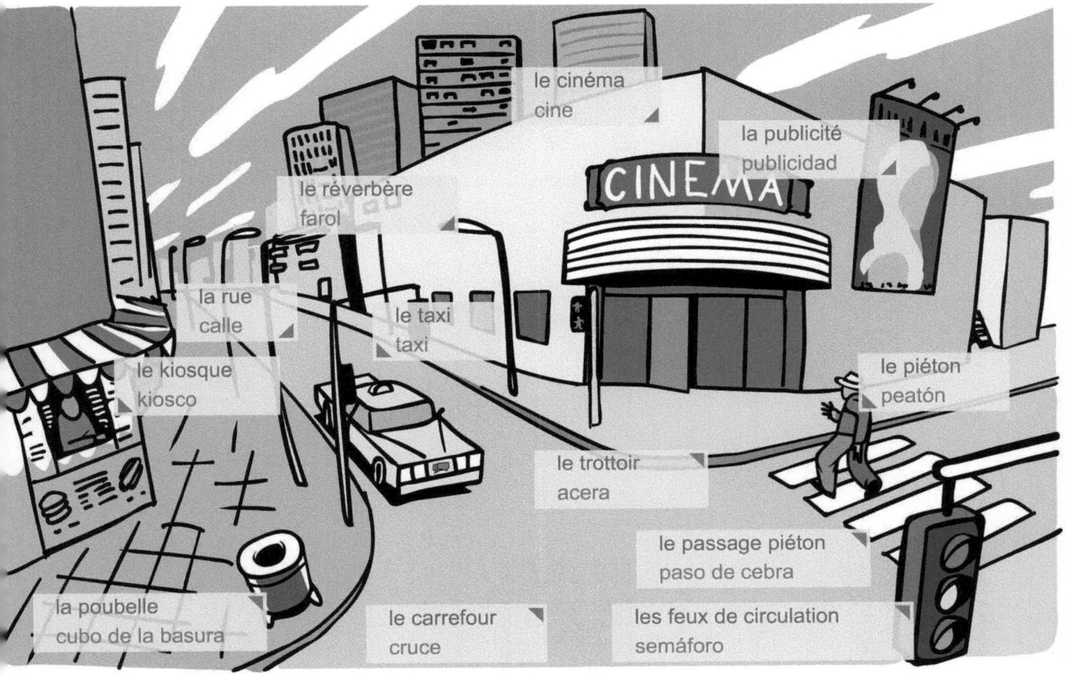
le cinéma
cine
la publicité
publicidad
CINEMA
le réverbère
farol
la rue
calle
le taxi
taxi
le kiosque
kiosco
le piéton
peatón
le trottoir
acera
le passage piéton
paso de cebra
la poubelle
cubo de la basura
le carrefour
cruce
les feux de circulation
semáforo

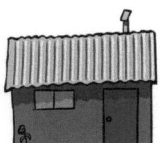

la cabane
cabaña

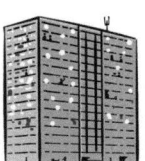

l'appartement
apartamento

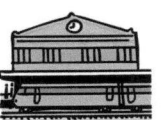

la gare
estación de tren

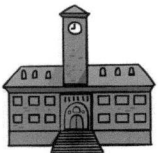

la mairie
ayuntamiento

MUSEUM
le musée
museo

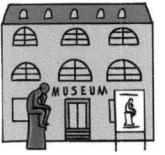

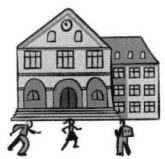

l'école
escuela

l'université

universidad

la banque

banco

l'hôpital

hospital

l'hôtel

hotel

la pharmacie

farmacia

le bureau

oficina

la librairie

librería

le magasin

negocio

le fleuriste

florería

le supermarché

supermercado

le marché

mercado

le grand magasin

grandes almacenes

la poissonnerie

pescadería

le centre commercial

centro comercial

le port

puerto

le parc

parque

la banque

banco

le pont

puente

les escaliers

escalera

le métro

metro

le tunnel

túnel

l'arrêt de bus

parada de autobuses

le bar

bar

le restaurant

restaurante

la boîte à lettres

buzón de correo

le panneau indicateur

letrero

le parcmètre

parquímetro

le zoo

zoológico

le réverbère

piscina

la mosquée

mezquita

la ferme

granja

la pollution

polución

la cimetière

cementerio

l'église

iglesia

l'aire de jeux

parque infantil

le temple

templo

# le paysage

## paisaje

la feuille
hoja

le panneau indicateur
indicador de camino

le chemin
sendero

le pré
pradera

la pierre
piedra

le randonneur
caminante

l'arbre
árbol

la rivière
río

l'herbe
pasto

la fleur
flor

la vallée

valle

la montagne

montaña

le lac

lago

la forêt

bosque

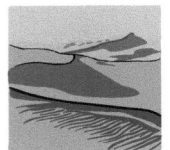

le désert

desierto

le volcan

volcán

le château

castillo

l'arc-en-ciel

arco iris

le champignon

seta

le palmier

palmera

le moustique

mosquito

la mouche

mosca

les fourmis

hormiga

l'abeille

abeja

l'araignée

araña

le coléoptère

escarabajo

la grenouille

rana

l'écureuil

ardilla

le hérisson

erizo

le lièvre

liebre

la chouette

lechuza

l'oiseau

pájaro

le cygne

cisne

le sanglier

jabalí

le cerf

ciervo

l'élan

alce

le barrage

embalse

l'éolienne

aerogenerador

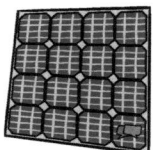

le panneau solaire

módulo solar

le climat

clima

le serveur
camarero

le menu
carta del menú

la chaise
silla

la soupe
sopa

la pizza
pizza

les couverts
cubiertos

la nappe
mantel

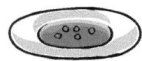

les hors d'œuvre
.............
entrada

le plat principal
.............
plato principal

le dessert
.............
postre

les boissons
.............
bebida

l'alimentation
.............
comida

la bouteille
.............
botella

le fast-food

comida rápida

les plats à emporter

comida callejera

la théière

tetera

le sucrier

azucarera

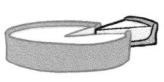

la portion

porción

la machine à expresso

máquina de espresso

la chaise haute

silla alta

la facture

factura

le plateau

bandeja

le couteau

cuchillo

la fourchette

tenedor

la cuillère

cuchara

la cuillère à thé

cuchara de té

la serviette

servilleta

le verre

vaso

l'assiette

plato

l'assiette à soupe

plato de sopa

la soucoupe

platillo

la sauce

salsa

la salière

salero

le moulin à poivre

molinillo para pimienta

le vinaigre

vinagre

l'huile

aceite

les épices

especias

le ketchup

ketchup

la moutarde

mostaza

la mayonnaise

mayonesa

# le supermarché
## supermercado

l'offre promotionnelle
oferta
FOR
le client
cliente
les produits laitiers
productos lácteos
les fruits
fruta
le chariot
carrito de compras

BUTCHERS

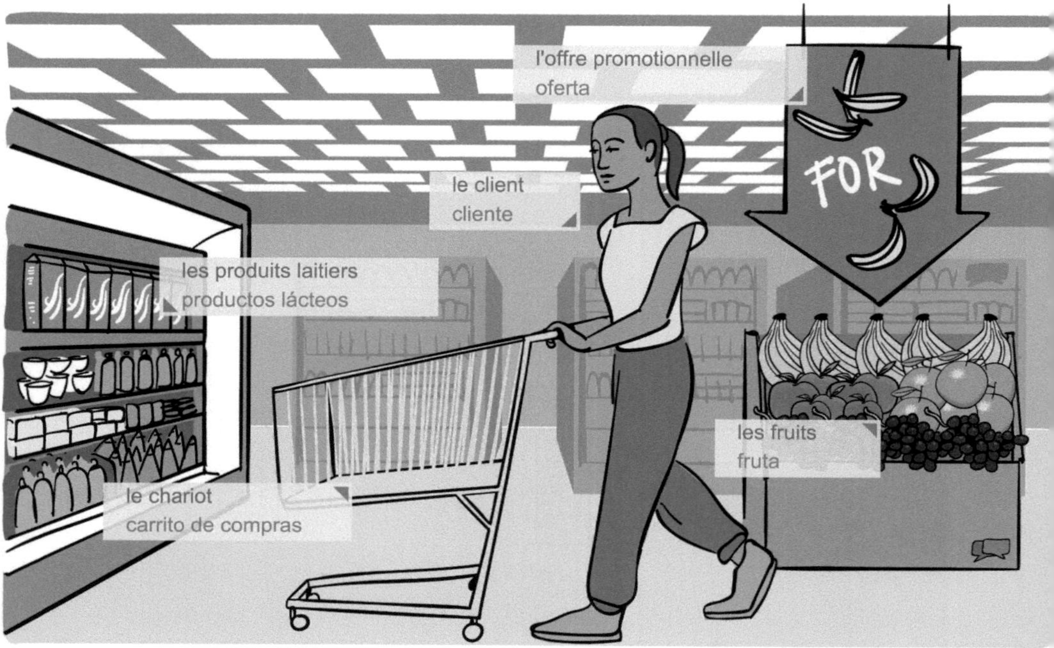

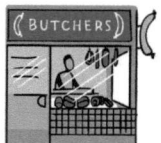

la boucherie

carnicería

BAKERY

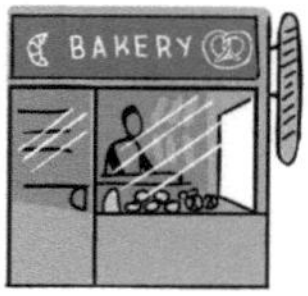

la boulangerie

panadería

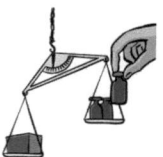

peser

pesar

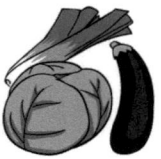

les légumes

verdura

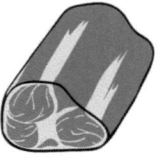

la viande

carne

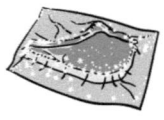

les aliments surgelés

alimentos congelados

la charcuterie

fiambre

les conserves

conservas

la poudre à lessive

detergente en polvo

les bonbons

dulces

les articles ménagers

artículos domésticos

les détergents

productos de limpieza

la vendeuse

vendedora

la caisse

caja

le caissier

cajero

la liste d'achats

lista de compras

les heures d'ouverture

horario de atención

le portefeuille

cartera

la carte de crédit

tarjeta de crédito

le sac

maleta

le sac en plastique

bolsa plástica

l'eau

agua

le jus de fruit

jugo

le lait

leche

le coca

refresco de cola

le vin

vino

la bière

cerveza

l'alcool

alcohol

le chocolat chaud

cacao

le thé

té

le café

café

l'expresso

espresso

le cappuccino

cappuccino

la banane

banana

la pomme

manzana

l'orange

naranja

le melon

sandía

le citron.

limón

la carotte

zanahoria

l'ail

ajo

le bambou

bambú

l'oignon

cebolla

le champignon

seta

les noisettes

nueces

les pâtes

fideos

les spaghetti

espagueti

le riz

arroz

la salade

ensalada

les pommes frites

patatas fritas

les pommes de terre rôties

patatas salteadas

la pizza

pizza

le hamburger

hamburguesa

le sandwich

sándwich

l'escalope

escalope

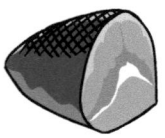

le jambon

jamón

le salami

salame

la saucisse

embutido

le poulet

pollo

le rôti

asado

le poisson

pescado

les flocons d'avoine

copos de avena

le muesli

musli

les cornflakes

copos de maíz tostado

la farine

harina

le croissant

croissant

les petits-pains

panecillo

le pain

pan

le pain grillé

tostada

les biscuits

galletas

le beurre

mantequilla

le fromage blanc

cuajada

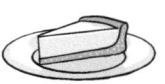

le gâteau

pastel

l'œuf

huevo

l'œuf au plat

huevo frito

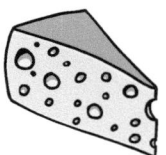

le fromage

queso

la glace

helado

le sucre

azúcar

le miel

miel

la confiture

mermelada

la crème nougat

praliné

le curry

curry

# la ferme
# granja

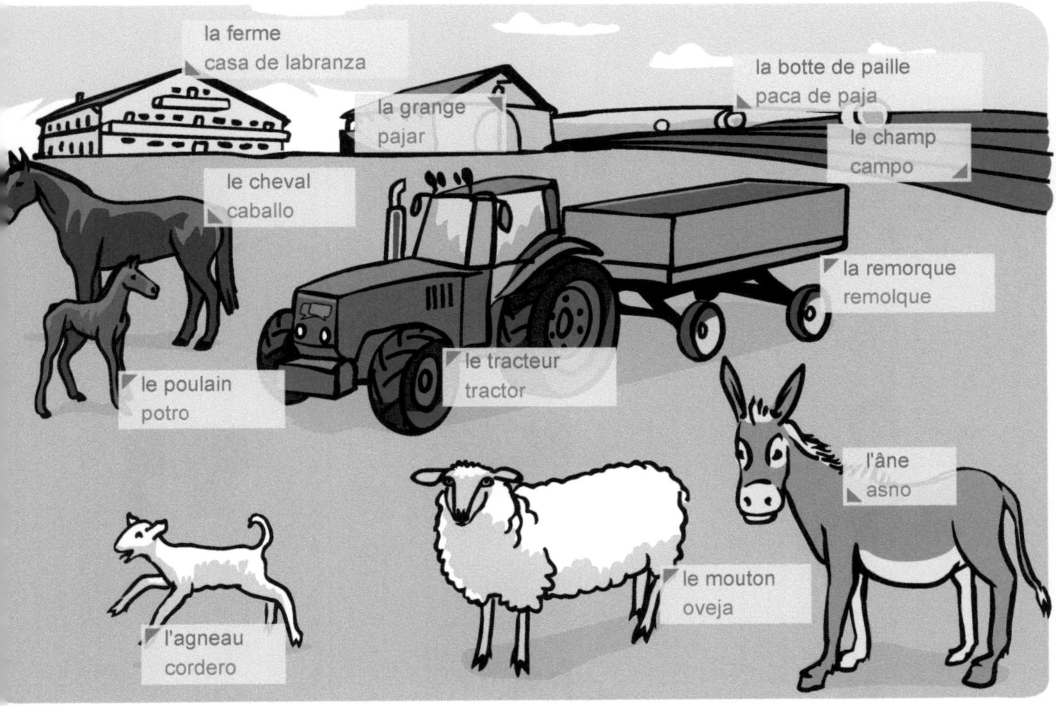
la ferme
casa de labranza
la grange
pajar
la botte de paille
paca de paja
le champ
campo
le cheval
caballo
la remorque
remolque
le tracteur
tractor
le poulain
potro
l'âne
asno
le mouton
oveja
l'agneau
cordero

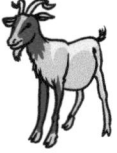

la chèvre
cabra

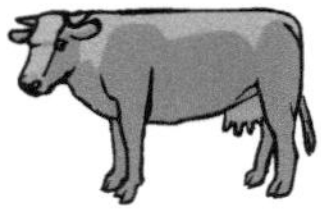
la vache
vaca

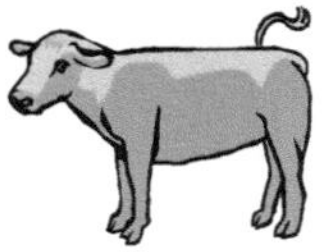
le veau
ternero

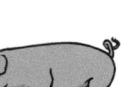

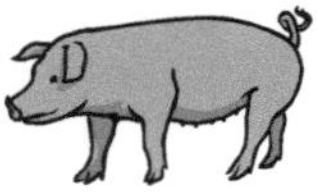
le porc
cerdo

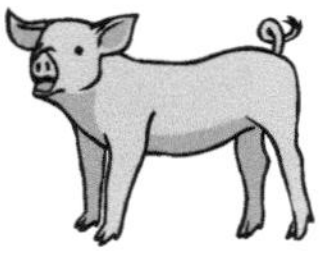
le porcelet
lechón

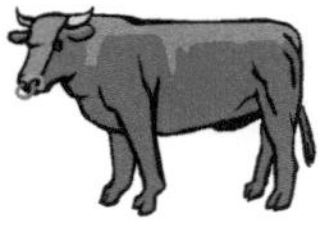
le taureau
toro

l'oie

ganso

le canard

pato

le poussin

polluelo

la poule

pollo

le coq

gallo

le rat

rata

le chat

gato

la souris

ratón

le bœuf

buey

le chien

perro

le chenil

caseta del perro

le tuyau de jardin

manguera de riego

l'arrosoir

regadera

la faucheuse

guadaña

la charrue

arado

la faucille
hoz

la pioche
azada

la fourche
bieldo

la hache
hacha

la brouette
carretilla

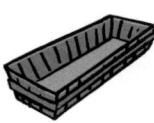

la cuve
abrevadero

le pot à lait
lechera

le sac
saco

la clôture
cerca

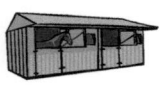

l'étable
establo

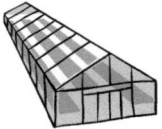

le serre
invernadero

le sol
suelo

les semences
semilla

l'engrais
fertilizante

la moissonneuse-batteuse
cosechadora

récolter

cosechar

la récolte

cosecha

l'igname

raíz de ñame

le blé

trigo

le soja

soja

la pomme de terre

patata

le maïs

maíz

le colza

colza

l'arbre fruitier

Árbol frutal

le manioc

mandioca

les céréales

cereales

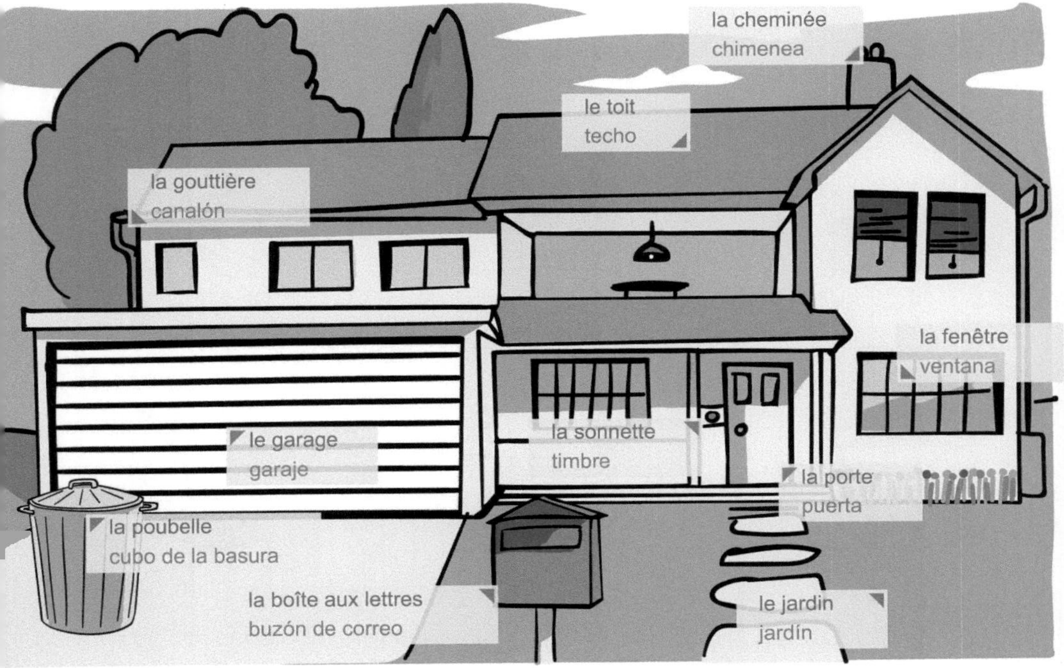

la cheminée
chimenea

le toit
techo

la gouttière
canalón

la fenêtre
ventana

le garage
garaje

la sonnette
timbre

la porte
puerta

la poubelle
cubo de la basura

la boîte aux lettres
buzón de correo

le jardin
jardín

le salon

cuarto de estar

la salle de bain

cuarto de baño

la cuisine

cocina

la chambre à coucher

dormitorio

la chambre d'enfant

cuarto de los niños

la salle à manger

comedor

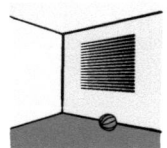

le sol

piso

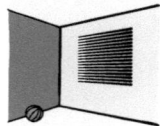

le mur

pared

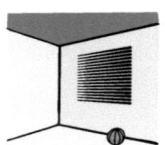

le plafond

cielorraso

la cave

sótano

le sauna

sauna

le balcon

balcón

la terrasse

terraza

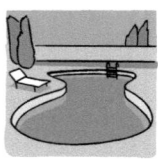

la piscine

piscina

la tondeuse à gazon

cortacésped

la housse

funda nórdica

la couette

edredón

le lit

cama

le balai

escoba

le sceau

cubo

l'interrupteur

interruptor

la maison - casa

# le salon

## cuarto de estar

le papier peint
papel para empapelar
l'image
imagen
la lampe
lámpara
l'étagère
estante
l'armoire
gabinete
la télé
televisor
la cheminée
hogar
la fleur
flor
le coussin
cojín
le sofa
sofá
le vase
florero
la télécommande
control remoto


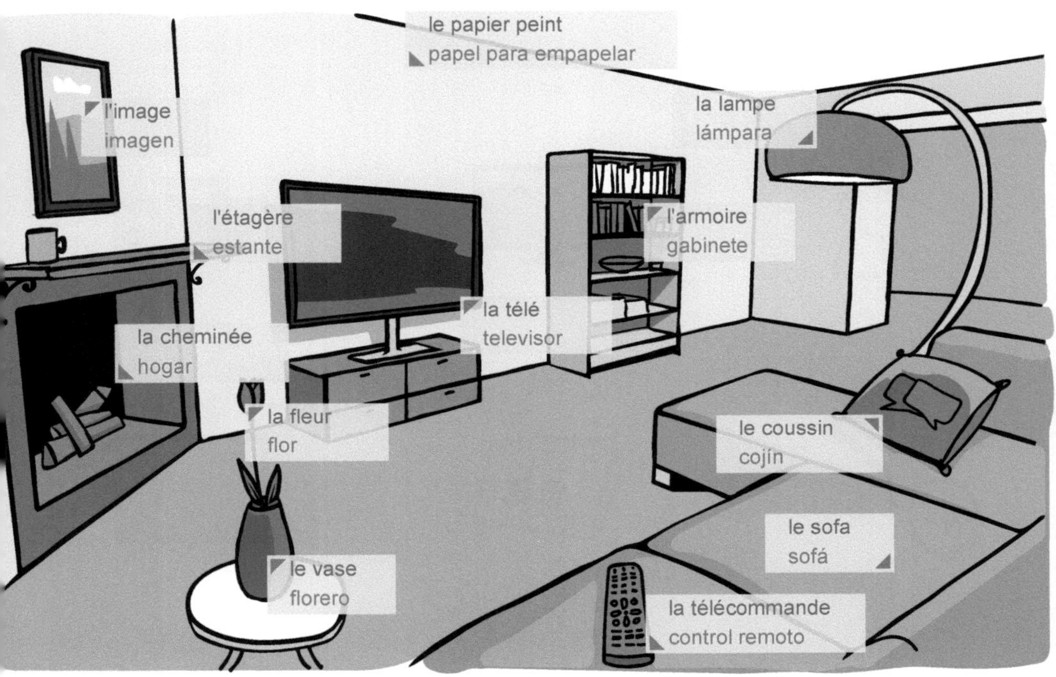

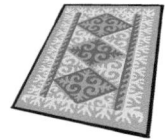

le tapis

alfombra

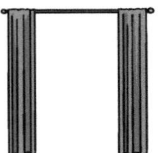

le rideau

cortina

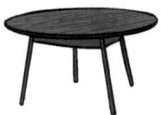

la table

mesa

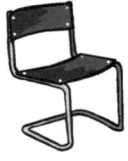

la chaise

silla

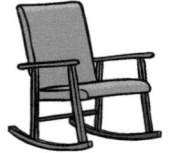

la chaise à bascule

mecedora

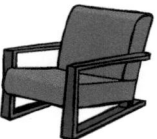

le fauteuil

sillón

le livre

libro

la couverture

frazada

la décoration

decoración

le bois de chauffage

leña

le film

film

la chaîne hi-fi

equipo estereofónico

la clé

llave

le journal

periódico

la peinture

cuadro

le poster

póster

la radio

radio

le bloc-notes

bloc de notas

l'aspirateur

aspiradora

le cactus

cactus

la bougie

vela

# la cuisine
## cocina

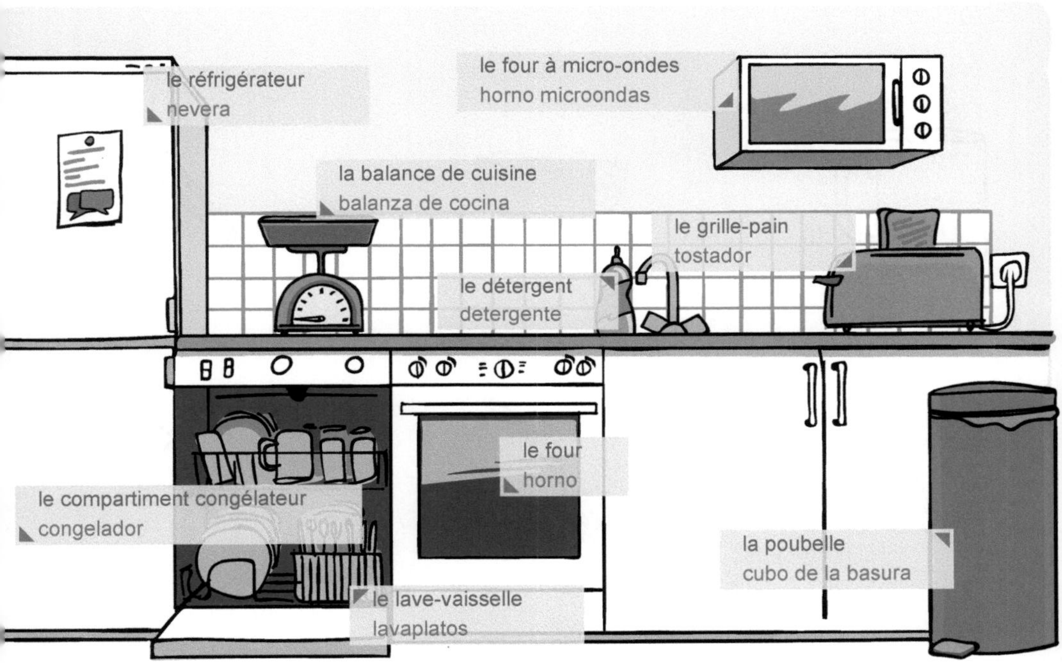

le réfrigérateur
nevera
le four à micro-ondes
horno microondas
la balance de cuisine
balanza de cocina
le grille-pain
tostador
le détergent
detergente
le four
horno
le compartiment congélateur
congelador
la poubelle
cubo de la basura
le lave-vaisselle
lavaplatos


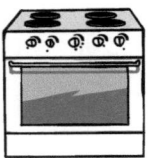

le four

cocina

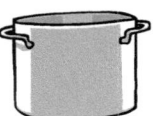

la casserole

olla

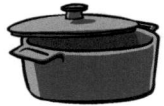

la marmite

olla de fundición de hierro

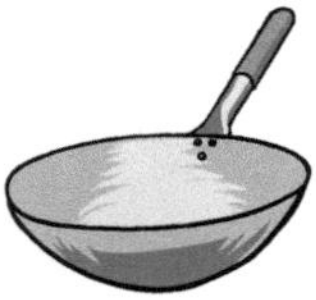

le wok / kadai

wok / kadai

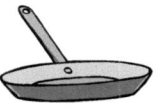

la poêle

sartén

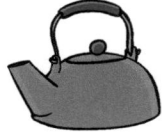

la bouilloire electrique

hervidor de agua

le cuiseur vapeur

olla de vapor

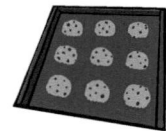

la plaque de cuisson

bandeja de horno

la vaisselle

vajilla

le gobelet

vaso

la coupe

bol

les baguettes

palillos para comer

la louche

cucharón de sopa

la spatule

espátula

le fouet

batidor

la passoire

colador

le tamis

cedazo

la râpe

rallador

le mortier

mortero

le barbecue

parrillada

la cheminée

fogata

**la planche à découper**

tabla de picar

**le rouleau à pâtisserie**

rodillo

**le tire-bouchon**

sacacorchos

**la boîte**

lata

**l'ouvre-boîte**

abrelatas

**les maniques**

agarrador

**le lavabo**

fregadero

**la brosse**

cepillo

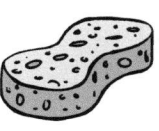

**l'éponge**

esponja

**le mixeur**

batidora

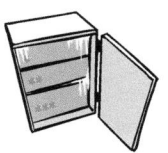

**le congélateur**

arcón congelador

**le biberon**

biberón

**le robinet**

grifo

la cuisine - cocina

# la salle de bain

## cuarto de baño

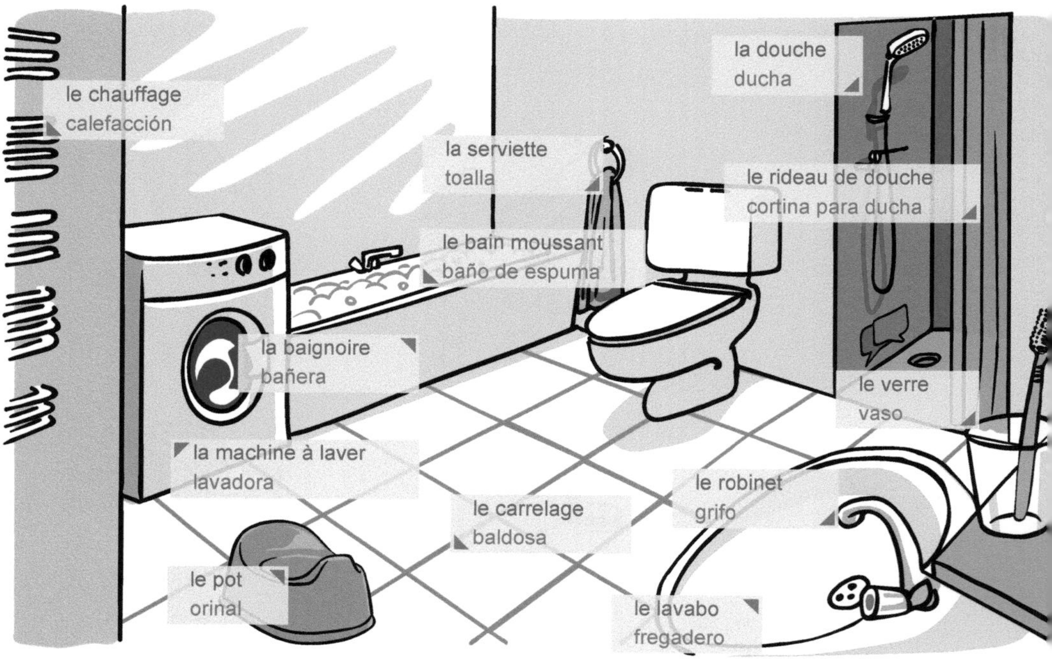

le chauffage
calefacción

la douche
ducha

la serviette
toalla

le rideau de douche
cortina para ducha

le bain moussant
baño de espuma

la baignoire
bañera

le verre
vaso

la machine à laver
lavadora

le carrelage
baldosa

le robinet
grifo

le pot
orinal

le lavabo
fregadero

les toilettes

cuarto de baño

la toilette à la turque

placa turca

le bidet

bidé

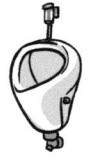

l'urinoir

urinario

le papier toilette

papel higiénico

la brosse à toilette

escobilla para el cuarto de
baño

la brosse à dents

cepillo de dientes

le dentifrice

pasta dentífrica

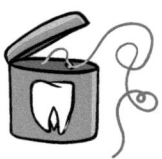

le fil dentaire

seda dental

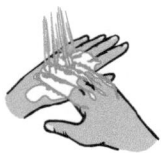

laver

lavar

la douche manuelle

ducha teléfono

la douche intime

ducha higiénica

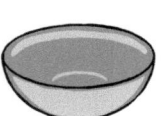

la vasque

cuenco

la brosse dorsale

cepillo para la espalda

le savon

jabón

le gel douche

gel de ducha

le shampooing

champú

le gant de toilette

manopla para baño

l'écoulement

desagüe

la crème

crema

le déodorant

desodorante

le miroir

espejo

le miroir cosmétique

espejo de maquillaje

le rasoir

máquina de afeitar

la mousse à raser

espuma de afeitar

l'après-rasage

loción para después del afeitado

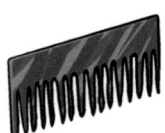

la peigne

peine

la brosse

cepillo

le sèche-cheveux

secador para cabello

la laque pour cheveux

laca de peinado

le fond de teint

maquillaje

le rouge à lèvres

lápiz labial

le vernis à ongles

laca para uñas

l'ouate

algodón

le coupe-ongles

tijera para uñas

le parfum

perfume

la trousse de toilette

neceser

le tabouret

taburete

le pèse-personne

balanza

le peignoir

bata de baño

les gants de nettoyage

guantes de goma

le tampon

tampón

les serviettes hygiéniques

compresa

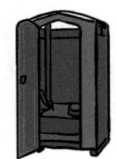

la toilette chimique

wáter químico

# la chambre d'enfant

# cuarto de los niños

le réveil
despertador
le doudou
animal de peluche
la voiture jouet
auto de juguete
le hochet
sonajero
la maison de poupée
casa de muñecas
le cadeau
obsequio

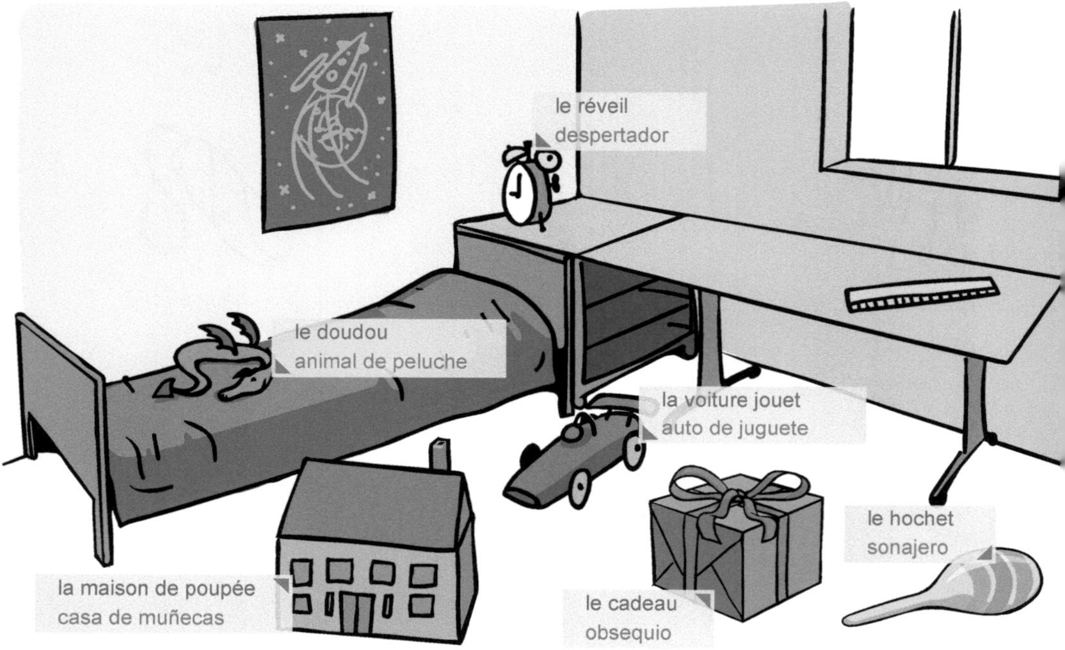

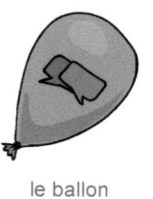

le ballon

globo

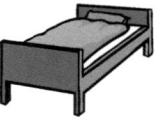

le lit

cama

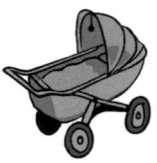

la poussette

cochecito para niños

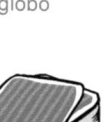

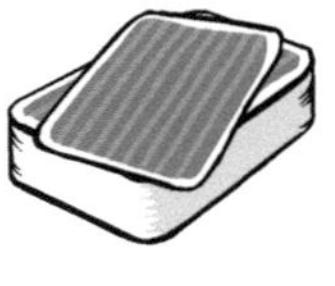

le jeu de cartes

juego de barajas

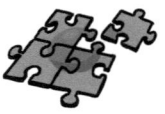

le puzzle

rompecabezas

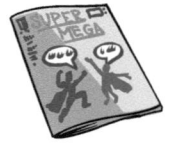

la bande dessinée

cómic

les pièces lego

piezas de Lego

les blocs de construction

bloques para jugar

la figurine

figura de acción

la grenouillère

pijama de una pieza

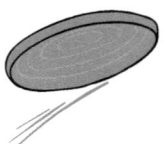

le frisbee

frisbee

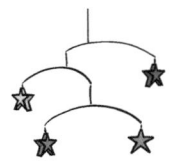

le mobile

móvil

le jeu de société

juego de mesa

le dé

dado

le train miniature

tren eléctrico a escala

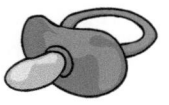

la sucette

chupete

la fête

fiesta

le livre d'images

libro de dibujos

la balle

pelota

la poupée

títere

jouer

jugar

la chambre d'enfant - cuarto de los niños

le bac à sable

arenero

la balançoire

columpio

les jouets

juguetes

la console de jeu

consola de videojuego

le tricycle

triciclo

l'ours en peluche

osito de peluche

l'armoire

guardarropa

## les vêtements
## vestimenta

les chaussettes

calcetines

les bas

medias

le collant

panti

l'écharpe
chal

le parapluie
paraguas

le t-shirt
camiseta

la ceinture
cinturón

les bottes
botas

les pantoufles
zapatilla

les baskets
deportivas

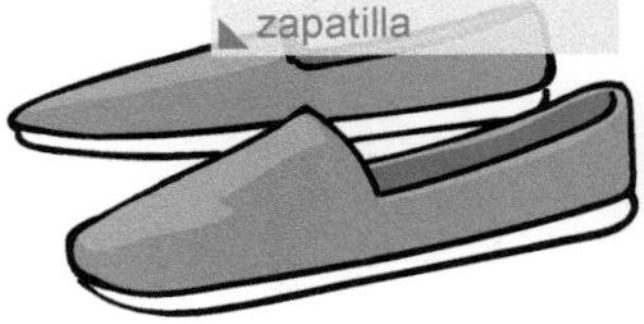

les sandales
.................
sandalias

les chaussures
.................
zapatos

les bottes de caoutchouc
.................
botas de goma

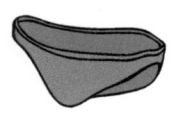

les sous-vêtements
.................
ropa interior

le soutien-gorge
.................
corpiño

le maillot de corps
.................
camiseta

les vêtements - vestimenta

le body

body

le pantalon

pantalón

le jean

jeans

la jupe

falda

le chemisier

blusa

la chemise

camisa

le pull

pullover

le sweat à capuche

sweater

la veste

blazer

la veste

chaqueta

le manteau

abrigo

l'imperméable

impermeable

le costume

traje chaqueta

la robe

vestido

la robe de mariée

vestido de bodas

le costume

traje

la chemise de nuit

camisón

le pyjama

pijama

le sari

sari

le foulard

pañuelo de cabeza

le turban

turbante

la burqa

burka

le caftan

caftán

l'abaya

abaya

le maillot de bain

traje de baño

le maillot de bain

bañador

le short

shorts

la tenue d'entraînement

chándal

le tablier

delantal

les gants

guante

le bouton

botón

les lunettes

gafa

le bracelet

brazalete

le collier

cadena

la bague

anillo

la boucle d'oreille

aro

le bonnet

gorra

le cintre

percha

le chapeau

sombrero

la cravate

corbata

la fermeture éclair

cierre a cremallera

le casque

casco

les bretelles

tiradores

l'uniforme scolaire

uniforme escolar

l'uniforme

uniforme

le bavoir

babero

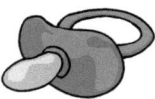

la sucette

chupete

la lange

pañal

## le bureau
## oficina

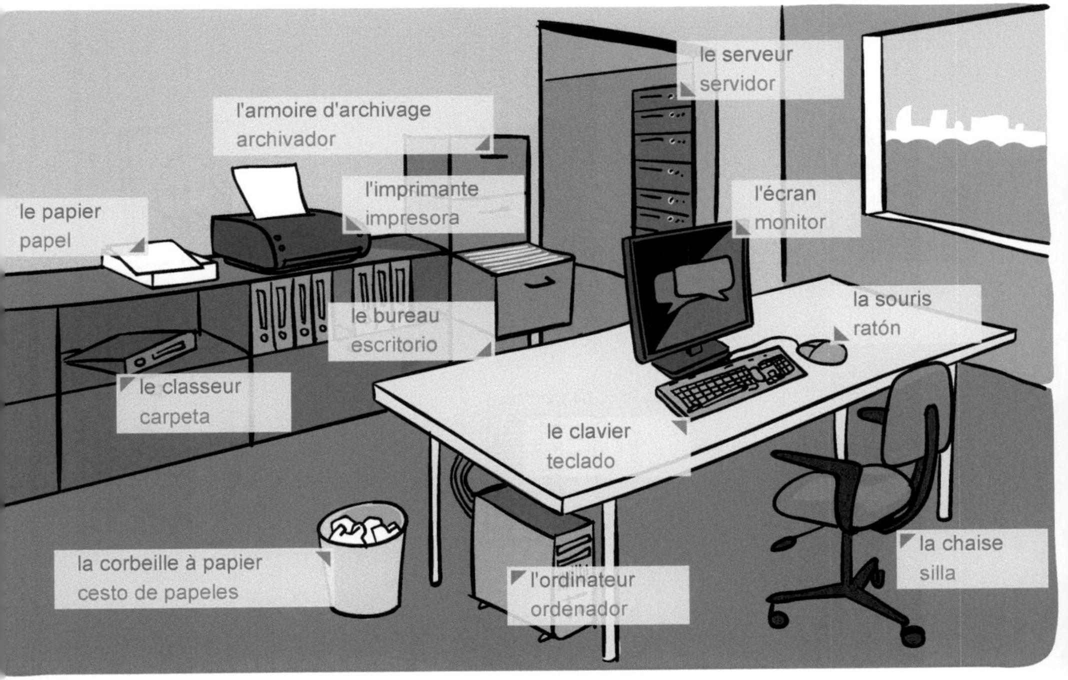

le serveur
servidor

l'armoire d'archivage
archivador

l'imprimante
impresora

le papier
papel

l'écran
monitor

la souris
ratón

le bureau
escritorio

le classeur
carpeta

le clavier
teclado

la corbeille à papier
cesto de papeles

l'ordinateur
ordenador

la chaise
silla

la tasse de café

taza de café

la calculatrice

calculadora

l'internet

internet

l'ordinateur portable
laptop

la lettre
carta

le message
mensaje

le portable
teléfono móvil

le réseau
red

la photocopieuse
fotocopiadora

le logiciel
software

le téléphone
teléfono

la prise
tomacorriente

le fax
máquina de fax

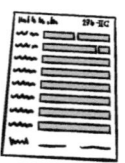

le formulaire
formulario

le document
documento

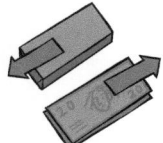

acheter
comprar

payer
pagar

faire du commerce
comerciar

la monnaie
dinero

le dollar
dólar

l'euro
euro

le yen
yen

le rouble
rublo

le franc suisse
franco

le renminbi yuan
renminbi

la roupie
rupia

le distributeur automatique

cajero automático

le bureau de change

casa de cambio

l'or

oro

l'argent

plata

le pétrole

petróleo

l'énergie

energía

le prix

precio

le contrat

contrato

la taxe

impuesto

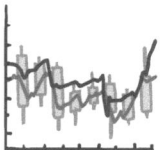

l'action

acción

travailler

trabajar

l'employé

empleado

l'employeur

empleador

l'usine

fábrica

le magasin

negocio

l'économie - economía

# les professions
## ocupaciones

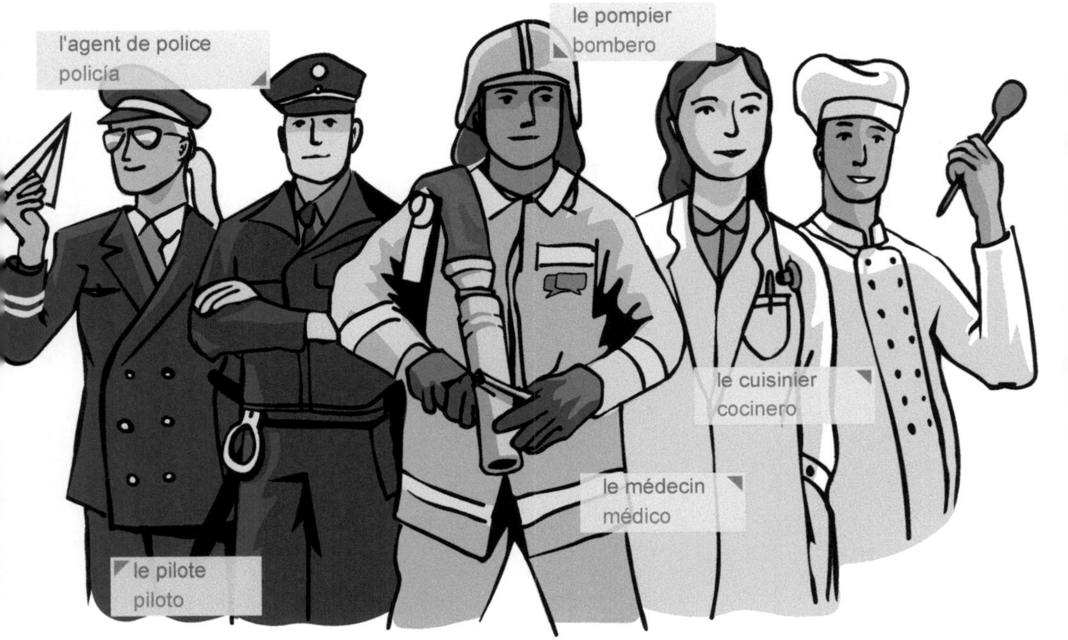
l'agent de police
policía
le pompier
bombero
le cuisinier
cocinero
le médecin
médico
le pilote
piloto

le jardinier

jardinero

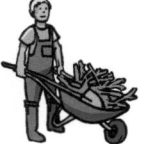

le menuisier

carpintero

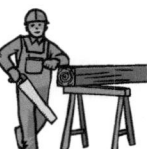

la couturière

costurera

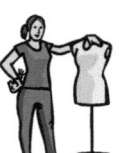

le juge

juez

le chimiste

químico

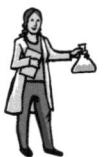

l'acteur

actor

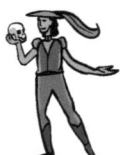

le conducteur de bus

conductor de autobús

le chauffeur de taxi

taxista

le pêcheur

pescador

la femme de ménage

mujer de la limpieza

le couvreur

techista

le serveur

camarero

le chasseur

cazador

le peintre

pintor

le boulanger

panadero

l'électricien

electricista

l'ouvrier

albañil

l'ingénieur

ingeniero

le boucher

carnicero

le plombier

fontanero

le facteur

cartero

le soldat

soldado

l'architecte

arquitecto

le caissier

cajero

le fleuriste

florista

le coiffeur

peluquero

le contrôleur

cobrador

le mécanicien

mecánico

le capitaine

capitán

le dentiste

odontólogo

le scientifique

científico

le rabbin

rabino

l'imam

imam

le moine

monje

le prêtre

párroco

# les outils
## herramientas

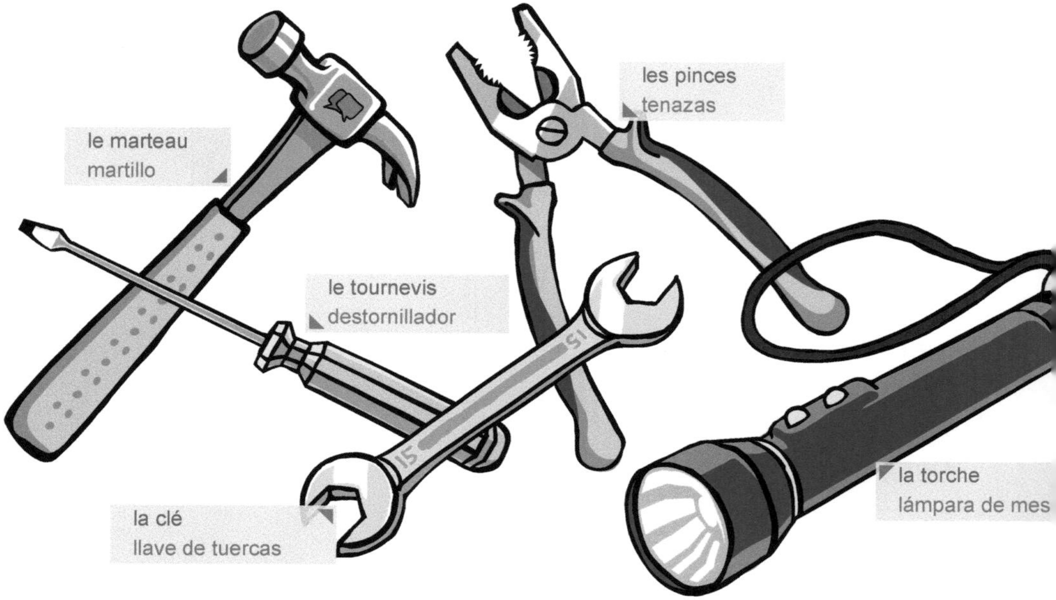

le marteau
martillo
les pinces
tenazas
le tournevis
destornillador
la clé
llave de tuercas
la torche
lámpara de mes


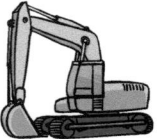

la pelleteuse

excavadora

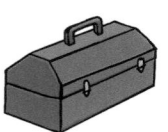

la boîte à outils

caja de herramientas

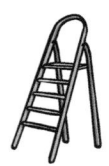

l'échelle

escalerilla

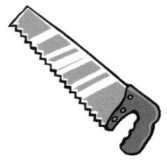

la scie

serrucho

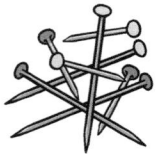

les clous

clavos

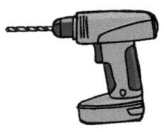

la perceuse

taladro

réparer

reparar

la pelle

pala

Mince !

¡Maldición!

la pelle

recogedor

le pot de peinture

lata de pintura

les vis

tornillos

## les instruments de musique

## instrumentos musicales

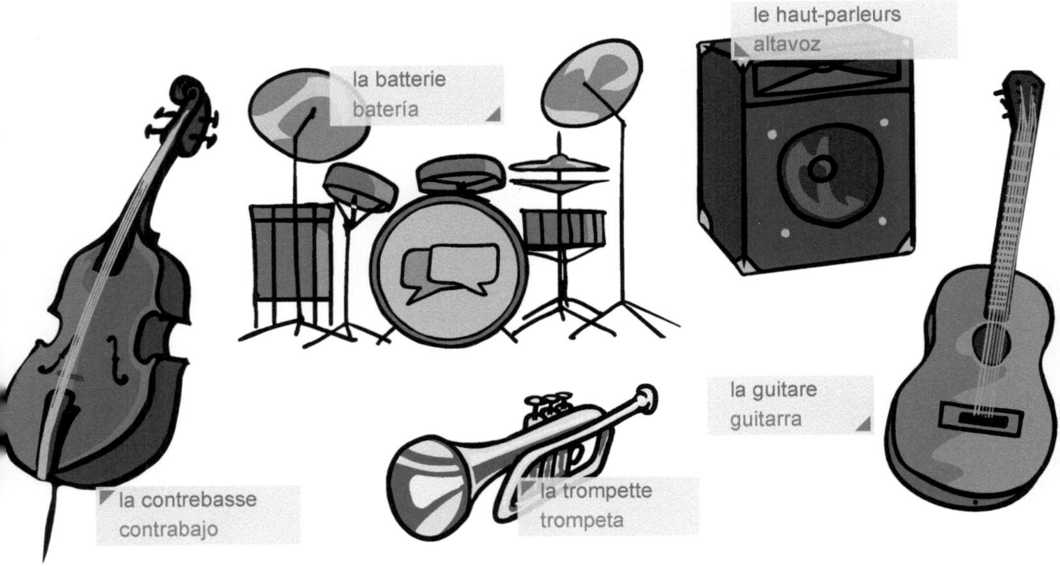

la batterie
batería

le haut-parleurs
altavoz

la guitare
guitarra

la contrebasse
contrabajo

la trompette
trompeta

le piano

piano

le violon

violín

la basse

bajo

les timbales

timbales

le tambour

tambor

le piano électrique

teclado

le saxophone

saxofón

la flûte

flauta

le microphone

micrófono

# le zoo

# zoológico

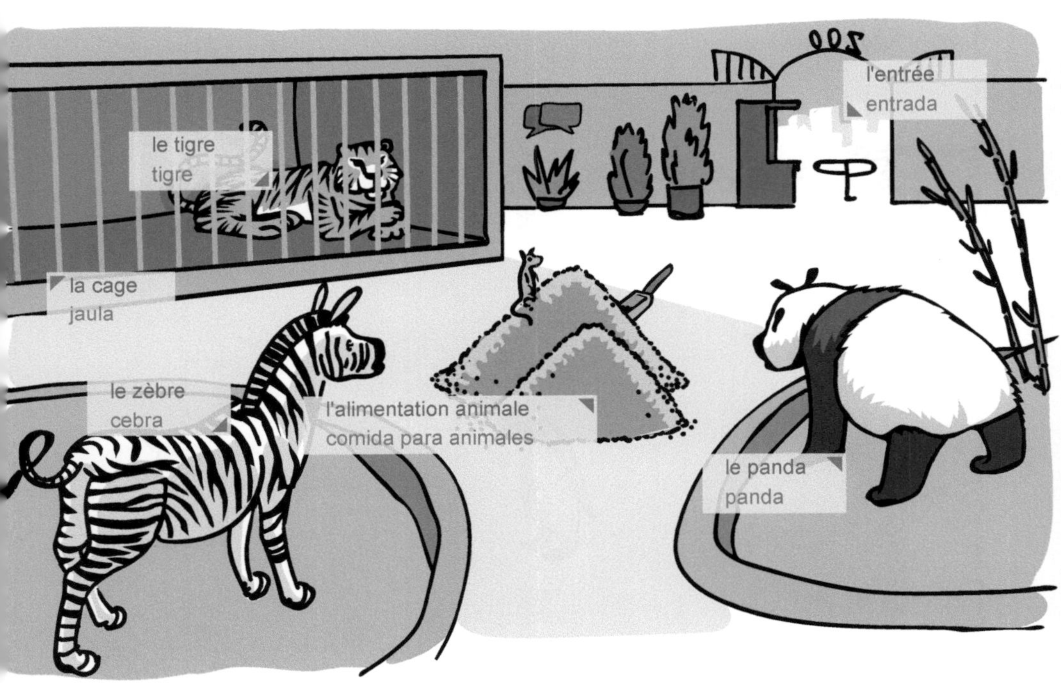
l'entrée
entrada
le tigre
tigre
la cage
jaula
le zèbre
cebra
l'alimentation animale
comida para animales
le panda
panda

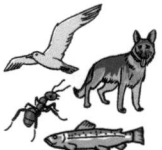

les animaux
animales

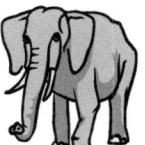

l'éléphant
elefante

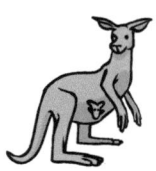

le kangourou
canguro

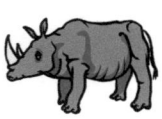

le rhinocéros
rinoceronte

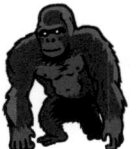

le gorille
gorila

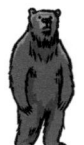

l'ours
oso

le chameau

camello

l'autruche

avestruz

le lion

león

le singe

mono

le flamand rose

flamengo

le perroquet

papagayo

l'ours polaire

oso polar

le pingouin

pingüino

le requin

tiburón

le paon

pavo real

le serpent

serpiente

le crocodile

cocodrilo

le gardien de zoo

cuidador del zoológico

le phoque

foca

le jaguar

jaguar

le poney

pony

le léopard

leopardo

l'hippopotame

hipopótamo

la girafe

jirafa

l'aigle

águila

le sanglier

jabalí

le poisson

pescado

la tortue

tortuga

le morse

morsa

le renard

zorro

la gazelle

gacela

l'american Football
fútbol americano

le cyclisme
ciclismo

le tennis
tenis

le basket-ball
baloncesto

la natation
natación

la boxe
boxeo

le hockey sur glace
hockey sobre hielo

le football
fútbol

le badminton
badminton

l'athlétisme
atletismo

le handball
balonmano

le ski
esquí

le polo
polo

# les activités
# actividades

rire
reír
sauter
saltar
embrasser
abrazar
marcher
caminar
chanter
cantar
rêver
soñar
prier
rezar
faire la bise
besar

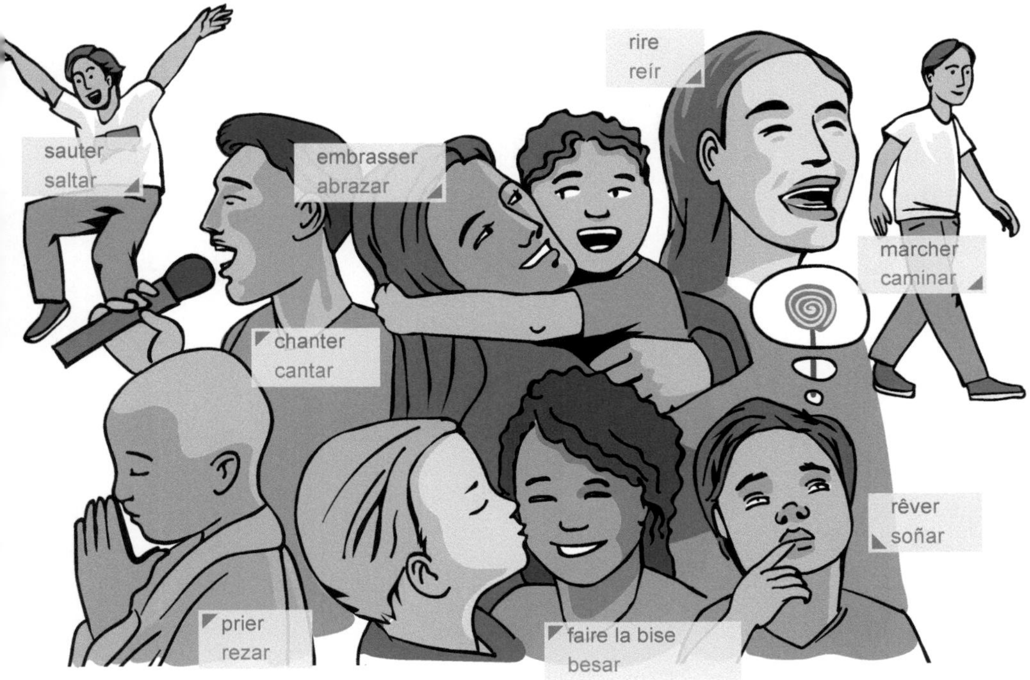

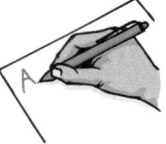

écrire

escribir

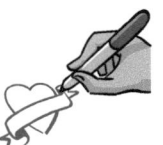

dessiner

dibujar

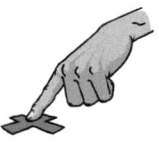

montrer

mostrar

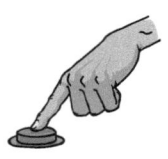

pousser

presionar

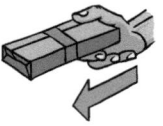

donner

dar

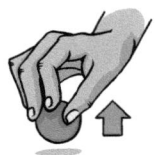

prendre

tomar

avoir

tener

faire

hacer

être

ser

être debout

estar de pie

courir

correr

trier

tirar

jeter

arrojar

tomber

caer

être couché

estar acostado

attendre

esperar

porter

llevar

être assis

estar sentado

s'habiller

vestirse

dormir

dormir

se réveiller

despertar

regarder

mirar

pleurer

llorar

caresser

acariciar

peigner

peinarse

parler

conversar

comprendre

entender

demander

preguntar

écouter

oír

boire

beber

manger

comer

ranger

asear

aimer

amar

cuire

cocinar

conduire

conducir

voler

volar

les activités - actividades

faire de la voile

navegar

calculer

calcular

lire

leer

apprendre

aprender

travailler

trabajar

se marier

casarse

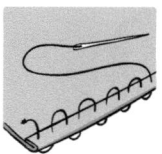

coudre

coser

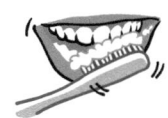

brosser les dents

limpiarse los dientes

tuer

matar

fumer

fumar

envoyer

enviar

# la famille
## familia

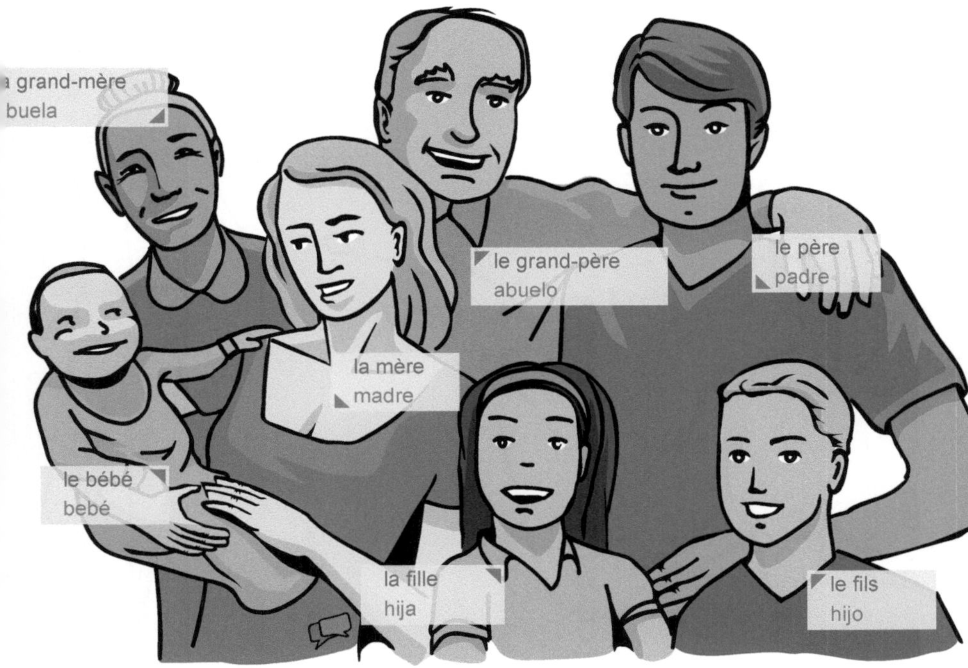

a grand-mère
buela
le grand-père
abuelo
le père
padre
la mère
madre
le bébé
bebé
la fille
hija
le fils
hijo


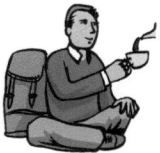

l'hôte

invitado

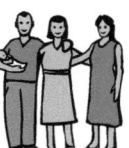

la tante

tía

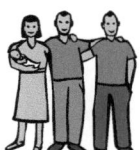

l'oncle

tío

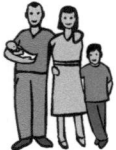

le frère

hermano

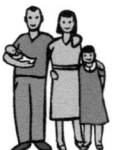

la sœur

hermana

# le corps

## cuerpo

le front
frente
l'œil
ojo
l'épaule
hombro
le doigt
dedo
le visage
cara
le menton
barbilla
la main
mano
la jambe
pierna
la poitrine
pecho
le bras
brazo


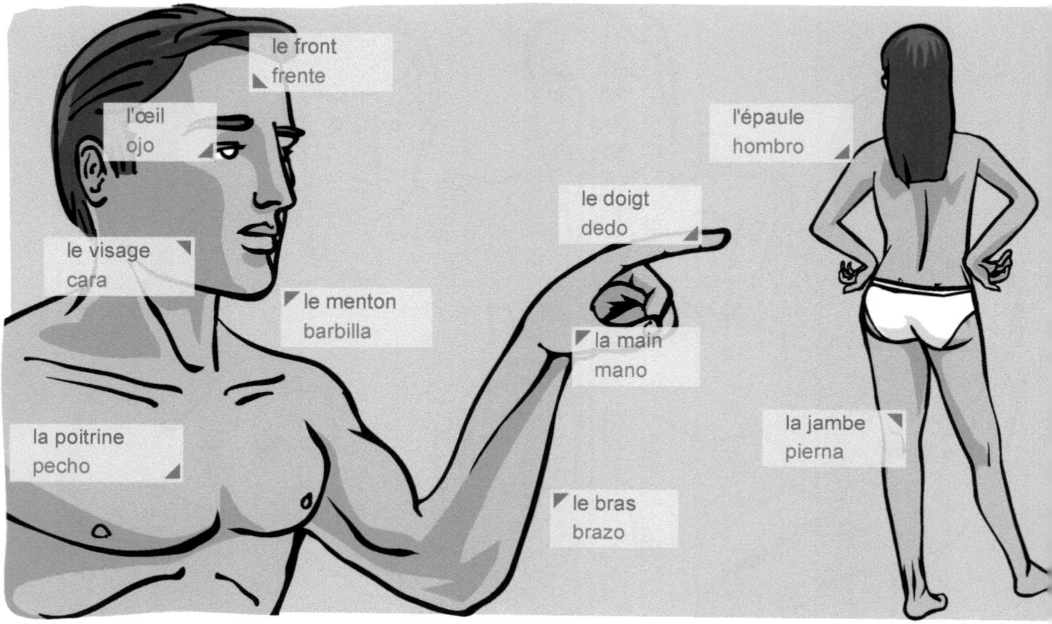

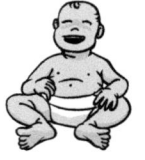

le bébé
bebé

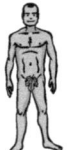

l'homme
hombre

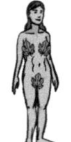

la femme
mujer

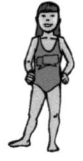

la fille
muchacha

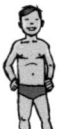

le garçon
joven

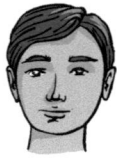

la tête
cabeza

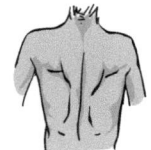

**le dos**

espalda

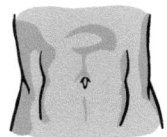

**le ventre**

vientre

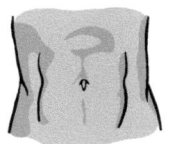

**le nombril**

ombligo

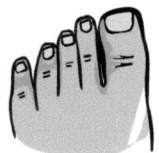

**l'orteil**

dedo del pie

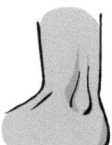

**le talon**

talón

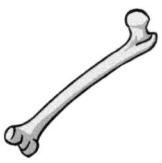

**l'os**

hueso

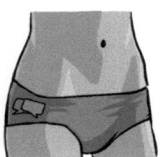

**la hanche**

cadera

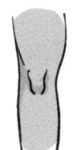

**le genou**

rodilla

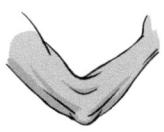

**le coude**

codo

**le nez**

nariz

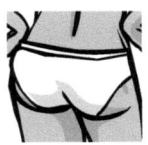

**les fesses**

trasero

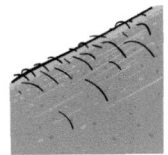

**la peau**

piel

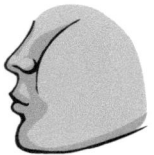

**la joue**

mejilla

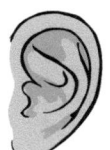

**l'oreille**

oreja

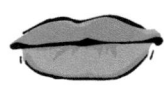

**la lèvre**

labio

le corps - cuerpo

la bouche

boca

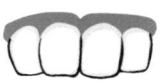

la dent

diente

la langue

lengua

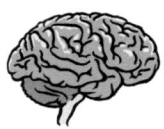

le cerveau

cerebro

le cœur

corazón

le muscle

músculo

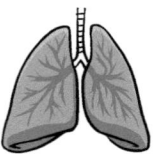

les poumons

pulmón

le foie

hígado

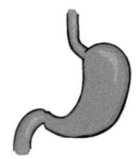

l'estomac

estómago

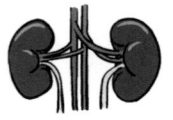

les reins

riñones

le rapport sexuel

relación sexual

le préservatif

condón

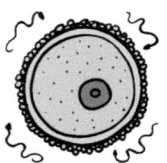

l'ovule

Óvulo

le sperme

esperma

la grossesse

embarazo

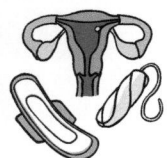

la menstruation

menstruación

le vagin

vagina

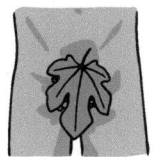

le pénis

pene

le sourcil

ceja

les cheveux

cabello

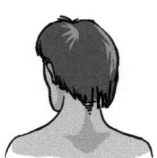

le cou

cuello

# l'hôpital
# hospital

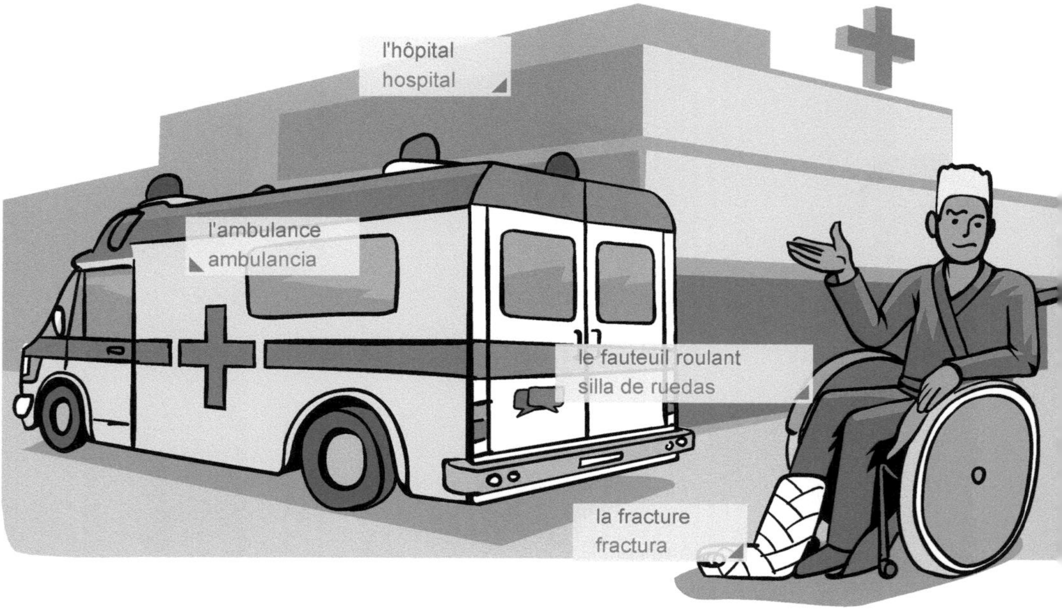

l'hôpital
hospital
l'ambulance
ambulancia
le fauteuil roulant
silla de ruedas
la fracture
fractura

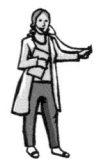

le médecin
médico

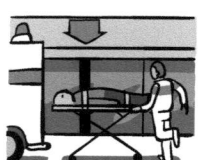

le service des urgences
admisión de urgencia

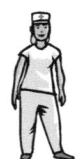

l'infirmière
enfermera

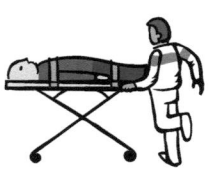

l'urgence
emergencia

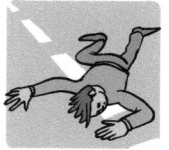

inconscient
inconsciente

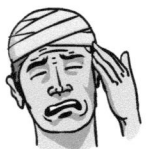

la douleur
dolor

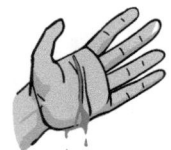

**la blessure**

lesión

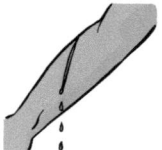

**l'hémorragie**

hemorragia

**la crise cardiaque**

infarto de miocardio

**l'attaque cérébrale**

apoplejía cerebral

**l'allergie**

alergia

**la toux**

tos

**la fièvre**

fiebre

**la grippe**

gripe

**la diarrhée**

diarrea

**le mal de tête**

dolor de cabeza

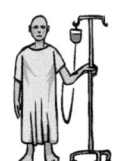

**le cancer**

cáncer

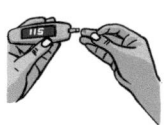

**le diabète**

diabetes

**le chirurgien**

cirujano

**le scalpel**

escalpelo

**l'opération**

operación

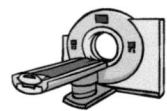

le CT

TC

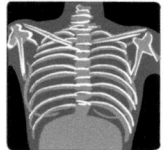

la radiographie

rayos X

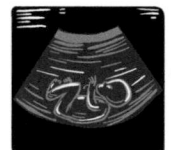

l'échographie

ultrasonido

le masque

máscara

la maladie

enfermedad

la salle d'attente

sala de espera

la béquille

muleta

le pansement

emplasto

le pansement

vendaje

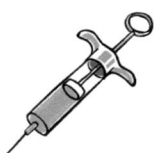

l'injection

inyección

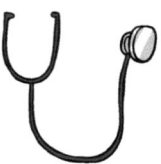

le stéthoscope

estetoscopio

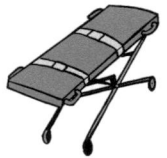

le brancard

camilla

le thermomètre

termómetro

l'accouchement

nacimiento

la surcharge pondérale

sobrepeso

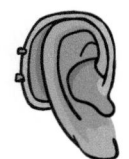

l'appareil auditif

audífono

le désinfectant

desinfectante

l'infection

infección

le virus

virus

le VIH / le sida

VIH / SIDA

le médicament

medicina

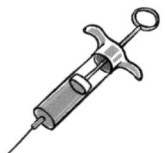

la vaccination

vacunación

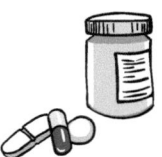

les comprimés

comprimido

la pilule

píldora anticonceptiva

l'appel d'urgence

llamada de emergencia

le tensiomètre

medidor de presión arterial

malade / sain

enfermo / saludable

Au secours !

¡Ayuda!

l'alarme

alarma

l'assaut

asalto

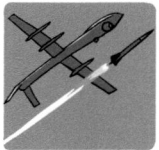

l'attaque

ataque

le danger

peligro

la sortie de secours

salida de emergencia

Au feu!

¡Fuego!

l'extincteur

extintor

l'accident

accidente

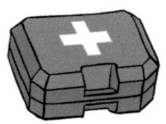

la trousse de premier secours

kit de primeros auxilios

SOS

SOS

la police

Policía

l'Europe

Europa

l'Amérique du Nord

América del Norte

l'Amérique du Sud

América del Sur

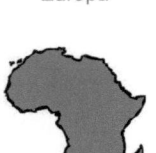

l'Afrique

África

l'Asie

Asia

l'Australie

Australia

l'Océan atlantique

Atlántico

l'Océan pacifique

Pacífico

l'Océan indien

Océano Índico

l'Océan antarctique

Océano Antártico

l'Océan arctique

Océano Ártico

le Pôle nord

Polo Norte

le Pôle sud

Polo Sur

l'Antarctique

Antártida

la terre

Tierra

le pays

país

la mer

mar

l'île

isla

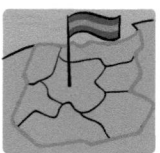

la nation

nación

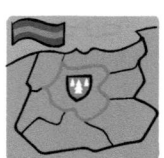

l'état

Estado

le cadran

cuadrante

l'aiguille des heures

horario

l'aiguille des minutes

minutero

l'aiguille des secondes

segundero

Quelle heure est-il ?

¿Qué hora es?

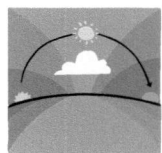

le jour

día

le temps

tiempo

maintenant

ahora

la montre digitale

reloj digital

la minute

minuto

l'heure

hora

# la semaine

## semana

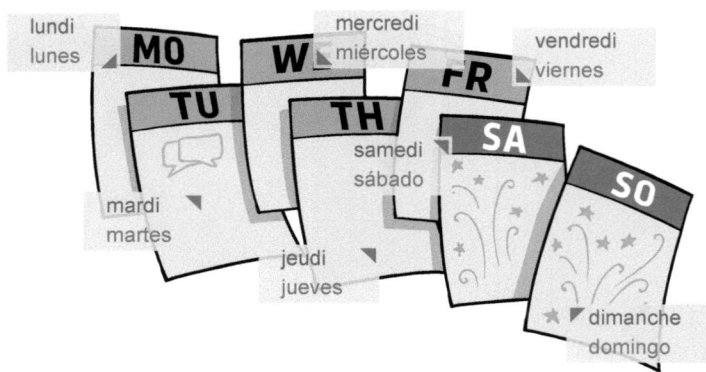

lundi / lunes — MO
mardi / martes — TU
mercredi / miércoles — W
jeudi / jueves — TH
vendredi / viernes — FR
samedi / sábado — SA
dimanche / domingo — SO

hier

ayer

aujourd'hui

hoy

demain

mañana

le matin

mañana

le midi

mediodía

le soir

tarde

les jours ouvrables

jornada de trabajo

le week-end

fin de semana

# l'année

## año

la pluie
lluvia
l'arc-en-ciel
arco iris
le vent
viento
la neige
nieve
le printemps
primavera
l'été
verano
l'automne
otoño
l'hiver
invierno


4.APRIL 11°
5.APRIL 4°
6.APRIL 13°
7.APRIL 8°
8.APRIL 10°


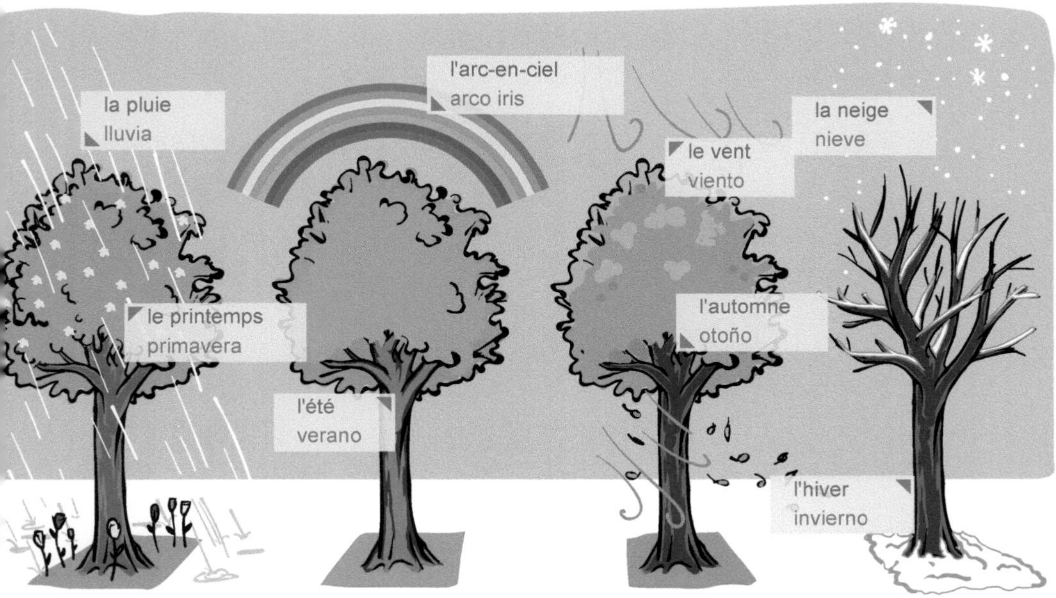

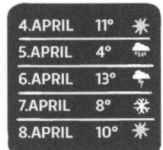

la météo

pronóstico meteorológico

F
C
120
90
60
30
0
-30
40
30
20
10
0
-10
-20


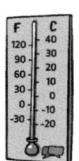

le thermomètre

termómetro

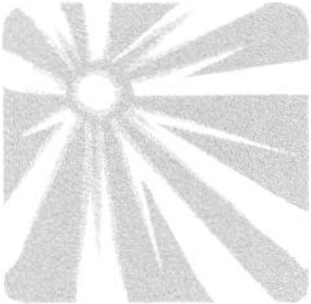

la lumière du soleil

luz solar

le nuage

nube

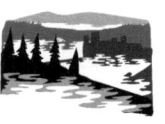

le brouillard

niebla

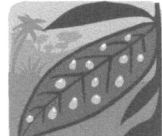

l'humidité

humedad ambiente

la foudre

relámpago

la tonnerre

trueno

la tempête

tormenta

la grêle

granizo

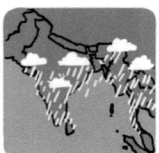

la mousson

monzón

l'inondation

inundación

la glace

hielo

janvier

enero

février

febrero

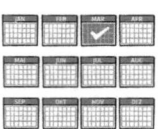

mars

marzo

avril

abril

mai

mayo

juin

junio

juillet

julio

août

agosto

septembre

septiembre

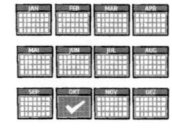

octobre

octubre

novembre

noviembre

décembre

diciembre

# les formes

## formas

le cercle

círculo

le carré

cuadrado

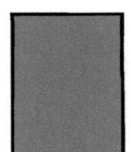

le rectangle

rectángulo

le triangle

triángulo

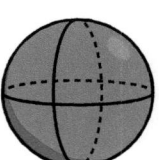

la sphère

esfera

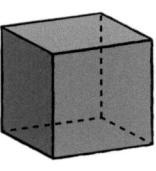

le cube

cubo

# les couleurs
## colores

blanc

blanco

jaune

amarillo

orange

anaranjado

rose

rosa

rouge

rojo

violet

lila

bleu

azul

vert

verde

marron

marrón

gris

gris

noir

negro

les couleurs - colores

beaucoup / peu

mucho / poco

fâché / calme

enojado / calmado

joli / laid

bonito / feo

le début / la fin

comienzo / fin

grand / petit

grande / pequeño

clair / obscure

claro / oscuro

frère / soeur

hermano / hermana

propre / sale

limpio / sucio

complet / incomplet

completo / incompleto

le jour / la nuit

día / noche

mort / vivant

muerto / vivo

large / étroit

ancho / angosto

comestible / incomestible

disfrutable / no disfrutable

méchant / gentil

malo / amigable

excité / ennuyé

excitado / aburrido

gros / mince

gordo / delgado

le premier / le dernier

primero / último

l'ami / l'ennemi

amigo / enemigo

plein / vide

lleno / vacío

dur / souple

duro / suave

lourd / léger

pesado / liviano

faim / soif

hambre / sed

malade / sain

enfermo / saludable

illégal / légal

ilegal / legal

intelligent / stupide

inteligente / tonto

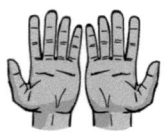

gauche / droite

izquierda / derecha

proche / loin

cercano / lejano

nouveau / usé

nuevo / usado

rien / quelque chose

nada / algo

vieux / jeune

viejo / joven

marche / arrêt

encendido / apagado

ouvert / fermé

abierto / cerrado

faible / fort

bajo / fuerte

riche / pauvre

rico / pobre

correct / incorrect

correcto / incorrecto

rugueux / lisse

áspero / liso

triste / heureux

triste / alegre

court / long

breve / extenso

lent / rapide

lento / veloz

mouillé / sec

mojado / seco

chaud / froid

caliente / frío

la guerre / la paix

guerra / paz

les oppositions - opuestos

# les nombres

## números

**0**

zéro

cero

**1**

un / une

uno

**2**

deux

dos

**3**

trois

tres

**4**

quatre

cuatro

**5**

cinq

cinco

**6**

six

seis

**7**

sept

siete

**8**

huit

ocho

**9**

neuf

nueve

**10**

dix

diez

**11**

onze

once

**12**

douze

doce

**13**

treize

trece

**14**

quatorze

catorce

**15**

quinze

quince

**16**

seize

dieciséis

**17**

dix-sept

diecisiete

**18**

dix-huit

dieciocho

**19**

dix-neuf

diecinueve

**20**

vingt

veinte

**100**

cent

cien

**1.000**

mille

mil

**1.000.000**

le million

millón

## idiomas

l'anglais

inglés

l'anglais américain

inglés estadounidense

le chinois mandarin

chino mandarín

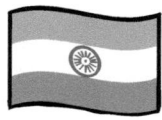

le hindi

hindi

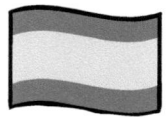

l'espagnol

español

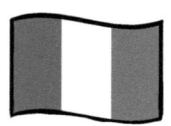

le français

francés

l'arabe

árabe

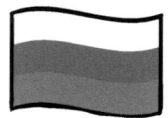

le russe

ruso

le portugais

portugués

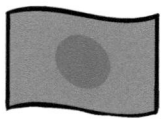

le bengali

bengalí

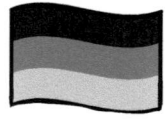

l'allemand

alemán

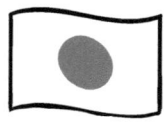

le japonais

japonés

je
----------
yo

tu
----------
tú

il / elle / ce, c', cela
----------
él / ella

nous
----------
nosotros

vous
----------
vosotros

ils / elles
----------
ellos

Qui ?
----------
¿quién?

Quoi ?
----------
¿qué?

Comment ?
----------
¿cómo?

Où ?
----------
¿dónde?

Quand ?
----------
¿cuándo?

le nom
----------
nombre

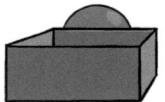

derrière
......................
detrás

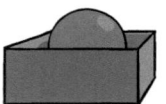

dans
......................
en

devant
......................
delante de

au-dessus
......................
encima de

sur
......................
sobre

en-dessous
......................
debajo de

à côté de
......................
junto a

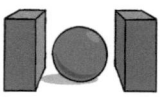

entre
......................
entre

le lieu
......................
lugar